父、中村富十郎
―― その愛につつまれて ――

冨山房インターナショナル

いつもの明るい笑顔です。

行ってらっしゃい
お帰りなさい
ただいま… etc.

今でもあの声が聞こえて来るようです。

2011年1月3日

新年が明け、主人とともに出演するはずだった
新橋演舞場の舞台に鷹之資は立っていました。
二日に初日が開き、この日も舞台が終わると
病院に駆けつけました。
　「オー、がんばって」
と叫ぶ大の言葉が、ある瞬間から
　「オー、ありがとう」
と変りました。

僕たちが家族として過ごした時間は
短かったかもしれませんが
いつも側に居て
いろいろなことを教えてくれました
父はいつも
　「人は素直な心が大切だ」
と言っていました
　「舞台でも素直に　お行儀よく」
ということだけを言っていました
僕はこの言葉を胸に刻み
これからも舞台に立って行きたいと思っています
そして
　「新しい歌舞伎座ができたら一緒にやろう」
と約束していたことは叶いませんでしたが
父の遺志はきっと僕が継いで行こうと
心に決めています

父が先輩の方々に可愛がって頂けたように
僕も皆様に教えを頂けるような人に
なりたいと思います
父は……
父の姿はなくなりましたが
僕たちはいつも四人家族で
一人が見えないだけです
父の声は今も僕たちに聞こえていて
僕たちの中に生き続けています

　　　　　　　　　　　　　　中村　鷹之資

1996 年

　一月十七日に挙式して、二月には歌舞伎のイタリア公演がありました。ナポリ、ジェノバ、ローマ、ミラノ。
　ローマ公演の初日には、松竹株式会社の永山会長もご一緒にバチカンを訪問し、法皇ヨハネ・パウロ二世に拝謁致しました。
　主人は七年がかりでこの計画を進めていて、念願の対面でした．

真綿のようにやわらかく、温かな、あの法皇様の手の温もりは、
すべてを包み込んでしまうようでした。

1999 年

4月11日、2,284gで生まれた大は怖いほど小さく、
少し長めの入院でしたが元気に自宅に戻りました。

名前は大徳寺立花大亀老師の一字を頂戴して「大(だい)」と名付けました。
大きく育つように…。
主人の名前「一(はじめ)」に「人」を加えると「大」になります。

ご縁のある日枝神社にてお宮参り。
私たちの結婚式もここで致しました。

嬉しそうにインタビューに答えています。
この間、大はずっとおとなしく眠っていました。

生後三ヵ月。
ずいぶんとしっかり成長した大を抱いて、
食べさせる真似事を……。
丈夫に育って！と。

親しい料亭の女将に教えていただき整えた祝いの膳。
朱塗りのお膳は芝翫様から頂戴しました。

赤ちゃんの雑誌の表紙になりました。

いつも抱いては二人見つめ合い、笑っていました。
同じような顔をしています。

ずっとこうしていたいのでしょうね。

四ヵ月の大を連れてハワイへ!
空港で「スモウベイビー」と言われました。
お揃いのアロハを着て嬉しそうなのは
パパの方でした。

京都顔見世のご挨拶廻りの合間に。
どこに居てもくっついています。
こうさせてくれるのも、今だけかしら……

大が生まれてから初めての地方公演から戻ったとき、
久しぶりの対面に二人は抱き合ったまま泣いて、
ずっとこのままでした。
二人とも泣いているのです。
私は笑ってしまいました。

2000 年

初めての舞台、藤間会
『喜撰』の所化で
大も出させて頂きました。
幕切れでは、主人に抱かれて袴がズルズル上がって、
オムツがまる見えでした。

宗家の六本木のお稽古場。
視線の先は、稽古をしている父親でしょうか。

宗家の主人の稽古について行って、
遊んでいるようにして
舞台に慣れさせてくださるのです。
扇子や小道具も触ったり。

海外へ行く飛行機では、特に上機嫌な主人でした。

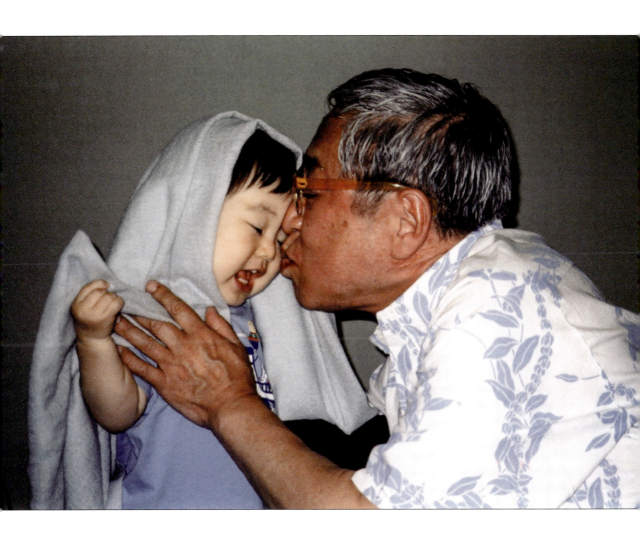

この時は、大が熱でも出しては大変と、ホノルルの病院まで念入りに調べて行きました。

舞台の合間に迎えに来てくれた主人。
「よく来た、よく来た」と泣いて……。
帰りには見送りに来てくれて、新幹線のドアの向うとこちらで、
また二人で泣いているのです。
恋人同士のような二人でした。

クリスマスにはよくディズニーランドに行ってましたね。

2001〜2002 年

初舞台
四月　歌舞伎座
『石橋』
天王寺屋にとって大切な演目です。

童子後に獅子の精……中村　富十郎
文殊菩薩………………中村　　大
寂昭法師………………中村　芝翫

記者会見の席で。
大はまだ一歳十ヵ月。主人も父親として舞台に立つのは大変です。
紋付はもちろん主人と同じ「鷹の羽八ツ矢車」です。

舞台公演中に大は二歳の誕生日を迎えました。
かつらは重いので、冠のように作ってもらい、
衣裳も「苦しくてはかわいそうだから」と
ご宗家とご相談して、軽くてドレスのような衣裳
にして頂きました。
子どもが嫌がらないように、
父親は一生懸命に頭をひねっておりました。

吉右衛門様から、一ヵ月無事に舞台を勤めたご褒美に
ディズニーランドにお招きを頂きました。

この旅の途中、大と主人は風邪を引いて熱を出し、ホテルで寝ていました。この年は南が吉方だから、そしてなるべく遠くがいいとシドニーにしたのに、「なにが吉方なの!」と私は怒っていました。

大きなロブスターにびっくりする大を横目に嬉しそうな父親です。

2003 年

8月3日、愛子　誕生
家族が四人になりました。

自宅マンション下の広場に、
2003年生まれの子どもたちの桜の樹が
植えられました。
あれから十四年を経て、
この桜も愛子も大きくなりました。
主人と毎年その成長を見守っていました。

仲良し父子。
いつも父親の真似をしています。

軽井沢で大と乗馬。
愛子が生まれてすぐの頃、主人は大を気遣って、
大が起きている間は愛子を抱きませんでした。

終戦後、主人は歌舞伎を辞めてアメリカへ行って
カウボーイになろうと思ったことがあるそうです。

2004 年

大の七五三と愛子のお宮参りは主人が入院していたこともあり
少し遅くなりましたが……
愛子は五ヵ月になり、ずいぶん大きくなりました。

大の学習院幼稚園入園式。
誰よりも喜んでいたのは主人です。
本当に誇らしく、嬉しそうでした。

何でも大と愛子にはできるかぎり同じように致しました。
お祝いにはいつも鯛です。

もう何でも食べているようですが、
それもそうです、
もう九ヵ月になっています。
大のときと比べて主人の箸使いも手慣れたものです。

子どもを抱くのにも安心感があります。
空港の出発ラウンジで。

とにかく嬉しいのです。

幼稚園の運動会で大が赤組なので、主人は赤いシャツに、赤い帽子で応援です。笑ってしまいますね。

ボート、漕げますか？こんなことをするとは、予想もしてなかったでしょうね。

主人はカメラが好きで、何気なく撮っている写真も上手でした。

宗家のお稽古場で「とんび奴」のお稽古を拝見する主人。どんな時もお稽古を拝見するときは真剣な眼差しでした。子どもは伸び伸びと——それが口癖でした。
大が見つめているのは藤間勘祖先生。
二人のことを公私共に託していった御方です。

2005 年

NHK古典芸能鑑賞会『船弁慶』の稽古場にて。
主人と大と二人で出演していたので、
愛子も連れて稽古場におりました。
　「片時も離さず、真剣に舞台に臨む緊張感を肌で感じさせたい」
と言っていました。

小道具の中啓を選ぶ姿。

地方さんや振付けのご宗家とのやりとりにも安心した様子でした。
こんな時ばかりではありません。

片山幽雪先生にお仕舞いを習う。
仕舞扇を頂戴する様子を後から見守る父です。
幽雪先生はいつも大の先々を案じて下さいました。
「大をどうぞ宜しくお願い致します」
　　　　　　　　　　京都門前のお宅にて

左から、九郎右衛門先生とご子息の清愛さん、幽雪先生、大、主人、そして愛子と私。　門前の舞台にて。

主人は京都で暮らしていた時期もあり、
よく知っていました。
終戦は京都で迎えたそうですが、
大阪から京都まで父親と一緒に火の中を
腰まで水に浸かって逃げたそうです。

しつこくつきまとうと嫌われますよ。
ともかく可愛いのです!

主人は思いの外に写真が上手でした。
主人の父（四代目富十郎）もカメラが
お好きだったそうです。

オーは、もう上機嫌でした。
主人は怒ったことがありません。
今でも笑い声と「キミねー」という声が聞こえてきます。
「みんなが幸せなら僕は幸せ!」と笑っていました。

愛子の初お目見得
『良寛と子守』の良寛様です。
　「これからは良寛様のような人を演じて行きたい」
と言っていました。

手をつないで舞台袖まで一緒に……。
初日から一週間は幕が上がる前から、
愛子は外に聞こえるほど大きな声で泣いていましたが、
その後は自由奔放に舞台を走り回っていました。

愛子もずいぶん慣れて来たようです。
これが唯一、親子三人で一緒に踏んだ舞台です。
こんなことは夢のようだったでしょうね。

かつらが少し曲がっている……。
あまりに微妙なので、私たちにはわかりませんが、
その繊細さが役者には必要なのです。

『勧進帳』の富樫を勤め、出番の合間に番卒(ばんそつ)の方々に毎日お茶を差し上げて
いました。(十五代目羽左衛門様がなさっていたとか)
大も愛子も黒衣でお手伝いです。

主人の腕の中に抱かれているのは、黒衣の大です。
こうして本番の舞台を肌で感じさせていました。
出演の皆様もすべて本息の舞台です。

印可法楽（いんかほうらく）　主人は屋号「天王寺屋」の由来をいろいろ調べておりましたが、これといったものに届かず、この機に自分の代で「天王寺屋」は大阪四天王寺様より頂戴したということに致しました。

聖徳太子二歳の像が祀られている
聖霊院(太子堂)において行なわれ、
奉納舞いを致しました。

「鷹ノ会」発会式

主人の慶応の同級生、椎名武雄様を会長にお願いし、
鏡開きには松竹株式会社の永山会長はじめ
学習院長の田島先生と豪華な顔ぶれでした。
樽はもちろん「白鷹」です。

中村鷹之資披露のお配り物の
お扇子、お風呂敷などの制作の打ち合わせ。
絵は大山忠作先生にお願いして
鷹を描いていただきました。

スチール撮影
大は「鷹之資」と改め牛若丸を、主人は鷹匠を演じました。
大の緊張をほぐし、機嫌を取りながら、
いつもの撮影の何倍も疲れたことでしょう。

羽二重をするのも、絞め過ぎないように、痛くないように、
心配で、心配で…。どうしても自分でやってしまいます。

「お願い致します!」
京屋のおじさま(雀右衛門様)の楽屋へ鷹之資がご挨拶に伺うのを襖に隠れて心配そうに見守っていました。

2006 年

野性の山ゆりに感動していました。
　「この赤い斑点がいいんだよ。花屋さんにはないんだよね」
そう、楽屋のお床の花は自分で買って、生けていましたね。
お上手でした。

愛子、三歳の誕生日。
主人はよく
　「愛子のふとした仕草にドキッとさせられることがある」
と言っておりました。

ハワイ行きの機内で。いちばん嬉しいのは主人です。食べることと、旅行が大好きでした。自分が行ってよかったところには、家族を連れて行きたかったのでしょう。

日本ではお目にかからないショットです。

見つめる先はカメラを持ったオーです。

主人が大好きなプルメリアの花を髪飾りにして。
甘い香りが今でも残っています。

　　　　　　　　　　　　　　ハワイ島にて

三歳の七五三
愛子は主人によく似ています。
お祝いの記念にルビーのペンダントを贈られ、
今も大切にしています。

　大が通う学習院の学校行事には可能な限り出席していました。
　大のお友だちも、愛子のお友だちも、とても大切にして下さいました。

ディズニーシーのレストランでクリスマス！

2007 年

毎日、楽屋入りすると頭取さんという方がいるところで、
自分の名前が書かれている着到板に赤いピンをさし、
神棚に柏手を打って拝みます
　　——無事に舞台が勤められますように

歌舞伎では「書き抜き」と言われる、
自分の台詞だけを抜き出して書いたものがあります。
最近は印刷した台本も多くなり、
これは自分で作った「書き抜き」です。
家ではあまりこういう姿は見せませんでした。
時折、みんなが眠ってから、夜中に覚えていたことがありましたね。

かつらの下の羽二重をしているところ。
ここから化粧をし、役に入って行きます。

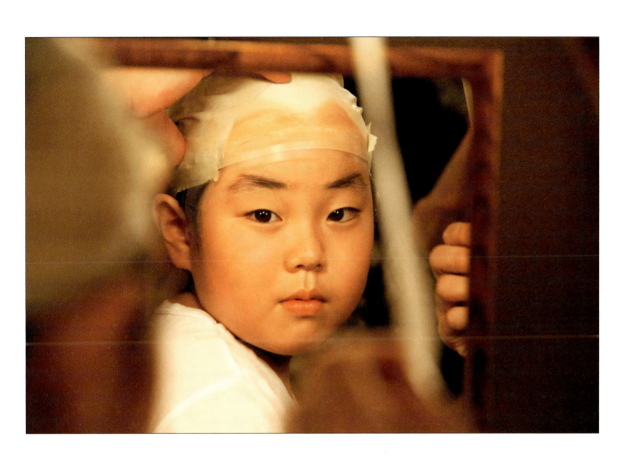

この瞳の奥には、いつも父親の姿があったはずです。
父の背中を追いかけています。

郵便はがき

| 1 | 0 | 1 | - | 0 | 0 | 5 | 1 |

恐れ入りますが切手をお貼りください

東京都千代田区
神田神保町一の三 冨山房ビル 七階

㈱冨山房インターナショナル
読者カード係 行

お名前	（　　　歳）男・女
ご住所	〒 TEL：
ご職業 又は学年	メールアドレス
ご購入 書店名	都道府県　　市郡区　　　　書店　ご購入月

★ご記入いただいた個人情報は、小社の出版情報やお問い合わせの連絡などの目的以外には使用いたしません。
★ご感想を小社の広告物、ホームページなどに掲載させていただけますでしょうか？
【　可　・　不可　・　匿名なら可　】

┌─ 書　名 ─────────────────────────┐
│   │
│   │
└──────────────────────────────────┘

本書をお読みになったご感想をお書きください。
すべての方にお返事をさしあげることはかないませんが、
著者と小社編集部で大切に読ませていただきます。

・・・
小社の出版物はお近くの書店にてご注文ください。
書店で手に入らない場合は03-3291-2578へお問い合わせください。下記URLで小社
の出版情報やイベント情報がご覧いただけます。こちらでも本をご注文いただけます。
　www.fuzambo-intl.com

鏡を見つめる目はもう、役者の顔です。

　鷹之資の顔はお願いしていましたが、
眉だけはいつも自分で描いていました。
主人は顔を父親にしてもらうのが嫌だったそうです。
自分の唾でなめてするのが嫌いで、
早く自分でできるようになりたかったそうです。

楽屋ではいつも鏡台を並べて、隣の父を見ていました。
そういうことが貴重なことなのだと痛感します。
主人も自分の父親と早く別れたので、
　「親が居なくても自分でよい先輩を見つけなさい。
　　そして、素直な心さえ持っていれば、教えを請う
　　ことができる」
と言い聞かせていました。

主人は厳しい役者の眼差しになっています。
細かなところまでチェックしてくれました。
この人が今は居ないのです。

拵えができて舞台へ向かう時を待ちます。
二人の間には誰も入ることができない空気につつまれます。
大きな存在の父に文字通りつつまれて、
鷹之資は安心して舞台に向かうことができたのでしょう。

お幕の内側。息が詰まるほどの緊張感なのです。
主人に続いて出るので、二人で出を待っています。
もう舞台は開いています。

ニューカレドニアのイルデパンで。
ここでしか食べられないエスカルゴが絶品。
忘られません。
天国にいちばん近い島ですね。

那須の二期倶楽部にて。
「大ちゃん、トンボ釣りを教えてあげるから。トリモチをつけて上に飛ばすと、落下傘のように降りてくるんだよ……」と。
残念ながらその光景は一度も見られませんでしたが、ホテルを流れる川で釣りをして、魚を焼いていただいて、大喜びでした。

家族揃ってアメリカのディズニーランドに行くのが夢でした。
陽気の良い五月に一ヵ月お休みして、
ゆっくり楽しんで来ようと……。
きっと主人がいちばん楽しみにしていたはずでした。

2008 年

いつもと変らぬお正月。
お弟子さんたちや歌舞伎役者の皆様がご挨拶に見えて、
狭い我が家はテンヤワンヤ……。
お茶の先生にお手伝いいただいて、
とても美味しいお雑煮をいただきました。
お餅に鴨、三つ葉、人参、柚子、お出汁が絶品でした。
お屠蘇は味醂たっぷりの甘いものでした。

愛子　学習院幼稚園入園式
大のときにはガチガチに緊張していた私たちも、
愛子のときには少し微笑むことができました。
主人は、お迎えにも行ってくれました。

大の誕生会。
天王寺屋一門のお弟子さんたちも一緒に
クルーザーで隅田川下り。

大好きな那須の二期倶楽部のレストラン。
夏にはヒグラシが鳴き、スタッフの皆さんはとても温かく、
いつも我が家に戻ったようでした。

「ああ、本当にヒグラシはこう鳴くんだ。
　芝居の効果とは違うんだ。僕が思い描いていたのはこれだ、
　これなんだ！ああ、ここで修善寺物語をやりたい！」

と言って、朗読会を致しました。
外はヒグラシの声が降るように鳴いて……。

夜叉王、頼家、桂、楓、春彦の五役をすべて一人で演じ分け、
鷹之資が下田五郎をさせて頂きました。

大好きなオー。
そして、可愛くてたまらない愛子。
言葉はいりません。

無条件に可愛い愛子を抱きしめるオー。

愛子がお嫁に行くときはどうするのかしら、と思っておりましたが……。
愛子はお嫁に行かないそうです。
　「オーと一緒のお墓に入りたいから」
だそうです。

主人はいつも一年前から自分で計画を立て、ホテルを決め、
飛行機も決めていました。当時、ハワイ島へ直行便が飛んでいて、
一年間、この夏の旅行を楽しみに舞台を勤めていました。

ハワイ島には、主人が大好きなプルメリアの花が咲いていて、
毎晩、美しい夕陽を見ながらディナー。
主人は本当に嬉しそうでした。
　「これでまた日本に帰ったら頑張れる」
とたっぷり充電していました。

六代目菊五郎様の写真を示して、
「こういうふうにしてほしいんだよ」
と注文を出す主人。
その姿を見聞きできることは、
鷹之資にとって貴重な財産です。
今、この写真集は鷹之資が
繰り返し拝見しています。

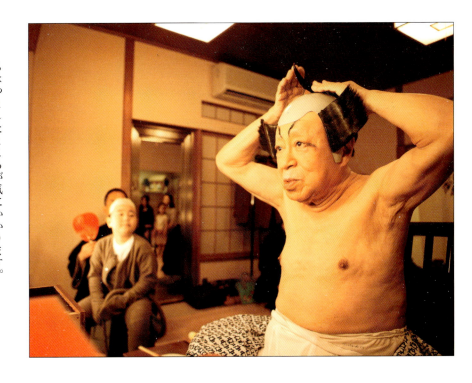

ちょっとしたところが気にかかります。
でも、大事なことなのです、
そのこだわりが……。
子ネズミがその様子を見ています。

舞台で上手にはさめるよう練習です。

来年は子年だからネズミの出る踊りで、
と『鳥羽絵』を親子で勤めました。

2009 年

毎年、自宅マンションの下を流れる
隅田川沿いの桜を家族で楽しんでいました。
子どもたちの成長とともに……。

矢車会『勧進帳』の稽古で
主人が鷹之資に、
歌舞伎では最年少で演じる義経の台詞を口移しで教えています。
　「大ちゃん、ま、み、む、め、も、は全部唇をつけて。
　ムマ、ムミ、ム、ムメ、ムモ、いいね」
鷹之資の口の動き一つ、一つを真剣に見つめ、教えていました。

　第九回矢車会は、主人はもちろん、鷹之資も愛子も、精一杯頑張りました。夜の部の『連獅子』には皇太子殿下がお出まし下さいました。終演後、自宅へ帰る車の中で鷹之資は、
　「もう終わっちゃった」
とワンワン泣きました。

オーが居るときは愛子も毎日のように楽屋へ参りました。
父親の真剣な姿を側で見ていてほしいから。
いえいえ、いつも一緒に居たかったのでしょう。
子どもたちと片時も離れたくなかったのです。

休日にはよく犬を連れて、隅田川の川沿いを散歩したり眺めたり。口ずさむのやはり清元でした。

大のお誕生ケーキの前で、なんの内緒話でしょう。本当に仲良しの二人でした。

幼稚園の「父の日」参観。
主人は仕事で参加できず、
他のお父様に混じって私が出席したこともありましたが、
このときは大好きなオーが来てくれて、
本当に嬉しそうでした。
ちょっぴりはにかんだ愛子です。

愛子はなにをしても可愛いのです。

初めて自転車に乗れました。「ヤッター」と一緒に喜んでいます。
自転車を教えて下さったのは、中村魁春様です。

番頭さん、付き人さん、いつも一緒に天王寺屋を支えてくれている皆と一緒に、小浜島に行きました。お弟子さんたちは舞台で行けませんでした。

こんなにハシャグ姿、想像できます？

2010 年

愛子の初等科入学式。
不安そうな愛子に比べて嬉しそうなオー。
二回目の入学式で少し余裕が出たのでしょう。

歌舞伎座閉場修祓式。
主人のこの歌舞伎座でのいちばんの思い出は、
親子で矢車会ができて、
皇太子殿下がお出まし下さったことでした。
新しい歌舞伎座で
鷹之資とともに舞台に立つことを楽しみにしていました。

ずっと父の背中を追っていました。
今はもっともっと追いかけていますが、
父の背中は日ごとに大きくなってしまうようです。

「僕の真似をしなくてもいいんだよ。
　大ちゃんは大ちゃんらしい、
　自分の世界を持ちなさい」

でも、子どもは父を追いかけています。

愛子の七五三。
主人の病気がわかって十月は休演。
少し早めた愛子の七五三で日枝神社にお参りし、
愛子の晴れ姿に目を細めていました。
京都の井上八千代様より頂戴したお着物に
祇園で買った花かんざしをさして……
　「病気のことは子どもたちには言わないでほしい」
とのことでしたので、
　「オーは少し足が痛いだけ」
と家でも笑っていました。
でも本当はそうではないことを
子どもたちも気づいていました。
一日でも長く子どもたちと普通の生活がしたい、
主人が主治医の先生にお願いしたのは、
それだけでした。

愛子、七歳の誕生日。
主人は折に触れてこういうメッセージカードを
書いてくれました。
ロマンチスト……、なのかな？
心からありがとう！

あとがき

　主人が亡くなって、七回忌を迎えました。今年の一月には七回忌の追善狂言として、歌舞伎座で鷹之資が越後獅子を二十五日間勤めさせて頂きました。まさかこの歳で親の追善をさせて頂けるとは夢にも思っておりませんでした。七年という年月は本当にあっという間でした。主人が亡くなった時、二人は小学校の五年生と一年生でした。こんなに幼くして父親を亡くしてしまうなんて……と、途方に暮れていた時、東日本大震災が起こりました。私たちにも悲しみの上に大きな不安が重なりましたが、何の前触れも無く一瞬にしてご両親や家を無くされた方がたくさんいらっしゃいました。それでもまだ人の為に頑張っていらっしゃる方のお姿を拝見し、逆に大きな力を頂きました。私たちは命の限り精一杯生きた父親を見送ったのだから、その人に恥ずかしくないように前を向いて生きて行こうと。
　私と主人との結婚生活は、十五年でした。
　結婚して四年後に大が生まれ、また四年後に愛子が生まれ、文字通り本当に幸せな家庭でした。朝を迎えるのが楽しみで、笑い声の絶えることのない毎日でした。すべて主人のおかげでした。主人が居なくなって、ほんの些細なことで悩み暗くなってしまう時、そんなことを何でもなく笑い飛ばしてくれていた主人が居たことを有難く思いました。主人が亡くなって私たちの環境は大きく変わりましたが、いつも多くの方々に支えて頂いて参りました。そ

れは即ち、主人が私たちに残してくれたかけがえのない財産、主人の生きて来た証しだと思っています。七十を過ぎて子供を持ったことに無責任だと仰る方もありました。主人も普通の親のように長く共に時間を過ごすことが出来ないことを分かっていたに違いありません。ですから、一生分の愛情をこの短い時間に注いでいたのだと思います。「三つ子の魂……」ということわざがありますが、そうだとすれば、二人とも三歳までに溢れるほどの愛情を受け、きっと主人の心を受け継いでいるはずです。

　主人が子供たちに何を残したかったのか……

　その答えは将来子供たちが出してくれるものと思っています。しかし、それまでの間子供たちを支えているのは、父親の愛情に他ならないのです。

　このフォトエッセイを最後までご覧下さいました方には、ほんの家庭のアルバムのようなものにお目をとめて頂き恥ずかしいような申し訳ないような気が致します。でも、父親の愛情がどれ程のものだったか、私がもし居なくなってしまったら伝えられなくなってしまうと思い、この様な形に致しました。

　ご覧頂き、ありがとうございました。

　そして、最後になりましたが、お写真を快く使わせて下さいました写真家の先生方に、心より御礼申し上げます。また、私がこのことを最初にご相談申し上げました冨山房インターナショナルの

坂本様ご夫妻、何も分からない私に、「奥様の作りたいご本になさって下さい。如何様にもご協力致します。是非、作りましょう。」とご自分のことのように親身になってお力添えを下さいました。坂本様のお力がなければ、こうして皆様のお目にかけることは叶いませんでした。本当にあたたかく見守って下さいまして、ありがとうございました。色々とご無理、我がままを申しましてお世話をおかけしてしまいました新井編集長様、デザイナーの平田様にもお詫びと心よりの感謝を申し上げます。子供たちの側にいること以外力になれない私の子供たちへの想いがこうして一冊の本になりました。

　歌舞伎俳優、五世中村富十郎という人間は舞台を降りると、私たちにとっては愛しい愛しいかけがえのない家族でした。そして間違いなくそのＤＮＡは、この二人の中に生き続けています。

　もっとたくさんのことを教えて欲しかった……

　旅もしたかった……

　今でも会いたいです。

　私のしていることは間違っていませんか？

　これから子供たちは少しずつ自分の足で歩き出します。

　これからもずっと子供たちを守っていて下さい。

渡邊　正恵

あこがれ

1997年。パリ公演の帰りウィーンに立ち寄りました。
季節はちょうどクリスマス。イヴは教会のミサへ！オペラ座でオペラを観賞したり、馬車に乗って街を巡ったり……。
そして、もう一つ、主人の念願だったこのシーンを。
　「僕がこうしているから、君はすまして通り過ぎて……」
そう言われても、目に入る主人の姿に笑ってしまって、
　「君は情緒がなくてダメだ」
と叱られました。でも、チターは演奏されなくなったり、このポプラ並木も大きくなってしまって、もっと背の低い並木道だったそうです。
このシーン、皆様お分かりですか？　そう、『第三の男』のワンシーンです。

　　　　　　　　　　　　　　　上手にできなくてごめんなさい。

写真・資料提供（五十音順／敬称略）

本書を編集するにあたり下記のみなさまにご協力をいただきました。心からお礼を申し上げます。

海田悠

斎藤亮一

鍋島徳恭

渡辺文雄

文藝春秋

父、中村富十郎 ──その愛につつまれて──

2017年11月3日　第1刷発行

編　　者　　渡邊正恵
発 行 者　　坂本喜杏
発 行 所　　株式会社冨山房インターナショナル
　　　　　　〒101-0051　東京都千代田区神田神保町1-3
　　　　　　TEL. 03 (3291) 2578　FAX 03 (3219) 4866
　　　　　　URL : http://www.fuzambo-intl.com
印　　刷　　東京平版株式会社
製　　本　　加藤製本株式会社

本書に掲載されている写真、図版、文章を著者の許諾なく転載することは法律で禁止されています。乱丁落丁本はお取り替え致します。

©Masae WATANABE 2017, Printed in Japan
ISBN978-4-86600-040-4 C0074